지나간 날들에 안부를

지나간 날들에 　 안부를

하람 지음

꿈의지도

Contents

#1 문득 질문하고 곱씹어 대답하는 장면

001	악기처럼 노래하고, 시처럼 말할 때	020
002	외로움의 공범은 유죄	022
003	떠나고 남는 일	024
004	불안하고 자유롭기를	026
005	호주머니 속 지난날이 가득한 사람들	028
006	나는 다 알아	030
007	행복의 잠복기	032
008	어떤 밤	034
009	그러고 보니	036
010	고작 보풀만 한 행복	038
011	천천히 걷는 도시 여행자	040
012	헷갈리는 마음 사용법	042
013	누구나 알지만 아무도 모르는	044
014	길 위에서 조마조마 마음을 졸이며 걸었다	046

#2 달빛에 마주 보고 이야기 나누는 장면

001	우연인 듯 운명적인	050
002	파란색으로 칠한 마음	052
003	조의 질문, 가브리엘의 힌트	054
004	전부 담지 않아서	056
005	네 미소가 보이는, 나의 독사진	058
006	해님 같은 사람	060
007	그리운 지금을 살아요	062
008	변함없이 따뜻한 누군가	064
009	시시하고 근사한 대답	066
010	이다음에	068
011	따뜻한 계절 헤아려 보기	070
012	바람 이불 이야기	072
013	너의 청춘을 목격하고	074

#3 낮은 음악이 깔리는 장면

001	인생에 법칙이 있다면	078
002	이제 나 혼자 간직하는 추억	080
003	내 기타 같은 것들	082
004	뒷모습 바라보며 걷기	084
005	체한 마음	086
006	외면하고 싶은 마음은 가끔, 여전히 보고 싶은 마음	088
007	작은 목소리로 말했던	090
008	눈물 찾는 법	092
009	조용한 마음	094
010	불편한 순간이 싫어서	096
011	시간에 부친 착불 소포	098
012	고요히, 그리고 고요히	100
013	숨은 슬픔 찾기	102
014	바람에 흩어지는 꽃	104

#4 좋아서 서랍에 간직한 장면

001	소리의 기억	108
002	아마추어의 마음으로	110
003	어느 날 결심한 세 가지	112
004	이미 이루어진 소원	114
005	내가 사랑하는 방식은	116
006	철들지 않았던 시절에게	118
007	고마워, 그대로인 것들	120
008	실패라는 감초	122
009	손을 잡고 걷는 동안	124
010	생의 순간	126
011	낯선 것들	128
012	혼자서 여행하기	130
013	십이월	134
014	야경이 보이는 곳에서	136
015	나의 좌우명과 나의 비문	138

#5 아주 사소한 존재의 특별한 장면

001	나의 처음을 오래 추억할래	142
002	제목 없음	144
003	가끔은 초점을 맞추지 말자	146
004	완전히 불완전한	148
005	행성	150
006	미신을 믿나요	152
007	나의 빛나는 계절	154
008	실패한 영화 다시 보기를 권함	156
009	너도 반짝이고 있어	158
010	오늘의 기도	160
011	선한 착각을 하자	162
012	단 한 줄의 일기	164
013	마음의 지층	166
014	모자처럼 날아가 버린	168

#6 지나간 시간에 답장을 보내는 장면

001 모래 위해 적힌 이름 172
002 To. 과거의 나 174
003 담백하게, 최대한 간결하게 176
004 인생 최초의 사춘기 178
005 언젠가 나를 다시 떠올렸을 때 180
006 마음의 과장 182
007 돌아온 동화책 184
008 지나간 꿈들에게 안부를 186
009 기억, 추억 188
010 누군가를 닮는 일 190
011 멈춘 기차 192
012 엄마의 세월 194
013 오랜 곳의 마음 196
014 떨지 않고 발표하는 법 198

#7 다시 시작하는 장면

001 용기 내서, 용서 202
002 다시 원본을 꿈꾸다 204
003 별표 친 문제 206
004 나에게 배운다 208
005 여전히 자라고 있다 210
006 털양말 같은 마음 212
007 문 틈새로 빛 214
008 아직 여운이 남아 있는 216
009 너의 슬픔, 우리의 슬픔 218
010 밤의 약속 220
011 진심으로 진심을 다할 때 222
012 하루를 시작하는 사람들 226
013 걱정이 먼지 같은 것이라면 228
014 어른을 꿈꾸는 어른 230

prologue
___

"네가 찾는 행복은 낯선 도시의 길 위에, 그 사람 곁에,
편안한 사람들의 웃음소리 속에 있어."

내가 지나온 날들이 그렇게 말해줬다.

\#1

———————

문득 질문하고
곱씹어 대답하는 장면

#1 문득 질문하고 곱씹어 대답하는 장면

001 _ **악기처럼 노래하고, 시처럼 말할 때**

카페에 흐르는 음악 속 어떤 가수의 목소리가 마치 첼로인 듯했다. 악기 같은 목소리로 노래한다는 건 참 멋진 일이야 생각하다가 세상 사람들이 모두 시처럼 말하면 어떨까 상상했다. 낱말마다 감탄하고 문장마다 여운을 두면 인생은 시처럼 아름답게 적힐까. 창밖은 가을이었다. 세상 사람들 모두 시처럼 말하는 계절이었다.

002 _ **외로움의 공범은
유죄**

"나는 혼자야."
그는 혼자가 되기로 결심했다.
그리고 감옥 같은 외로움에 갇혔다.

"우리는 너를 혼자 내버려 두지 않아."
그를 사랑하는 사람들은 슬퍼했다.
그리고 외로움의 공범이 됐다.

#1 문득 질문하고 곱씹어 대답하는 장면

003 _ 떠나고
  남는 일

사랑하는 사람이 아주 먼 곳으로 떠나게 되었을 때 나는 떠나는 사람이 가여워 울까, 남겨지는 게 두려워 울까. 사랑하는 사람을 두고 내가 아주 먼 곳으로 떠나게 되었을 때 나는 사라지는 게 쓸쓸해 울까, 두고 온 것들이 애틋해 울까. 그러나 갠지스강의 사람들은 울지 않는대. 죽음은 영원한 자유이거나 평화라고 믿기 때문일까. 그래도 나는 여전히 떠나고 떠나보내는 일이 가장 어렵다. 깊은 밤, 매일 하루와 작별하는 일은 어쩌면 가장 마지막 헤어짐을 위한 연습일지도 몰라.

삶은 사라진다는 걸 깨닫고부터 삶이었다.

004 _ **불안하고
자유롭기를**

- 불확실한 미래네
- 불확실해서 자유로운 미래지

#1 문득 질문하고 곱씹어 대답하는 장면

#1 문득 질문하고 곱씹어 대답하는 장면

005 _ **호주머니 속 지난날이 가득한 사람들**

젊음을 잃고 지혜를 얻는 계산법은 공정하다. 지혜로운 어른을 볼 때, 그 사람의 지혜를 나는 절대 예습할 수 없다고 느낄 때 그런 생각이 든다.

006 _   나는
다 알아

완벽하지 않은 하루라도 그냥 그 자체로 충분한 날이 있다. 다 알지 못해도 그냥 그 자체로 충분한 사람이 있다. 오늘 그런 사람에게 "나는 네가 얼마나 좋은 사람인지 다 알아." 라고 말해주었다.

다 안다는 건 거짓말이었지만, 다 몰라도 상관없었다.

#1 문득 질문하고 곱씹어 대답하는 장면

007 _ 행복의
잠복기

어떤 행복에는 잠복기가 있지 않을까. 여행에서 돌아와 여전히 그대로인 일상을, 여전히 그대로인 마음으로 또 살아갈 때 나는 그런 생각을 했다. 그때 행복했던 감정은 내 몸 어딘가에 깊이 새겨져 있다가, 내 일상이 정말로 야위었을 때 비로소 드러나 나를 버티게 하려는 건 아닐까. 어떤 행복은 등을 구부려 낮은 자세로 숨죽이고 있는 것만 같다. 열꽃처럼 피어날 결정적 순간을 기다리면서.

008 _　　　　　　　　　　　　　　　　어떤 밤

- 내 인생은 깜깜해
- 맞아, 별이 수놓인 밤처럼

009 _ 그러고 보니

누군가에게 쉽게 건네던 '그러고 보니'라는 말을 나에게 돌려준 적 있어? 그러고 보니 나 조금 지친 것 같네. 그러고 보니 나 너무 애쓰고 있네. 적당한 것이 꾸지람이 되는 세상에서 우린 매일 적당한 온도를 놓치고 마니까. 펄펄 끓어 다 넘쳐 버리기 전에 나에게 너그러운 질문을 던져 볼래.

그러고 보니 요즘 좀 어때?

#1 문득 질문하고 곱씹어 대답하는 장면

#1 문득 질문하고 곱씹어 대답하는 장면

010 _   **고작 보풀만 한 행복**

어느 날 친구가 말했다. "나는 스웨터 보풀 뗄 때 제일 행복하더라." 스웨터를 입는 계절만 되면 왜인지 실없는 그 말이 자꾸만 떠올랐다. 보푸라기를 떼는 일도 행복, 말 한마디로 겨울마다 친구를 추억하는 일도 행복. 고작 이만한 행복이라면 우리 꽤 자주 행복한 거겠다. 그치?

011 _ **천천히 걷는
도시 여행자**

낯선 도시에서 나는 태엽이 망가진 장난감 같았다. 두리번거리고 자주 멈추어 섰다가, 저무는 해에 발이 묶였다. 낯선 도시에서 유일하게 빨리 달리는 건 시간, 시간뿐이었다.

#1 문득 질문하고 곱씹어 대답하는 장면

012 _ **헷갈리는
마음 사용법**

여전히 헷갈리는 것들이 있다. 삭막한 관계로 스쳐간 사람들의 얼굴처럼, 망설이며 간직하는 꿈처럼, 눈치를 보다가 감춰둔 고백처럼. 헷갈리는 마음은 길을 자주 잃었고, 헤맬 때면 불안해졌다. 헷갈리는 마음이 애태우며 물었다. "어디로 가야 돼?" 시간이 대답했다. "잠깐 쉬었다 가렴." 헷갈리는 마음은 가끔 길을 멈추고 숨을 돌렸다. 더디게 걸었지만 똑바로 향했다.

#1 문득 질문하고 곱씹어 대답하는 장면

013 _　　　　　　　　　　　　　　　　　　**누구나 알지만
　　　　　　　　　　　　　　　　　　　　아무나 모르는**

불행해지는 가장 쉬운 방법은 스스로를 비교하는 것.
행복해지는 가장 쉬운 방법은 스스로를 사랑하는 것.
쉽게 행복하자. 그리고 최대한 어렵게 불행하자.

014 _

길 위에서
조마조마
마음을 졸이며 걸었다

#1 문득 질문하고 곱씹어 대답하는 장면

우연이라도 마주치지 않길 바라는 세 가지.
강도, 도플갱어, 첫사랑.

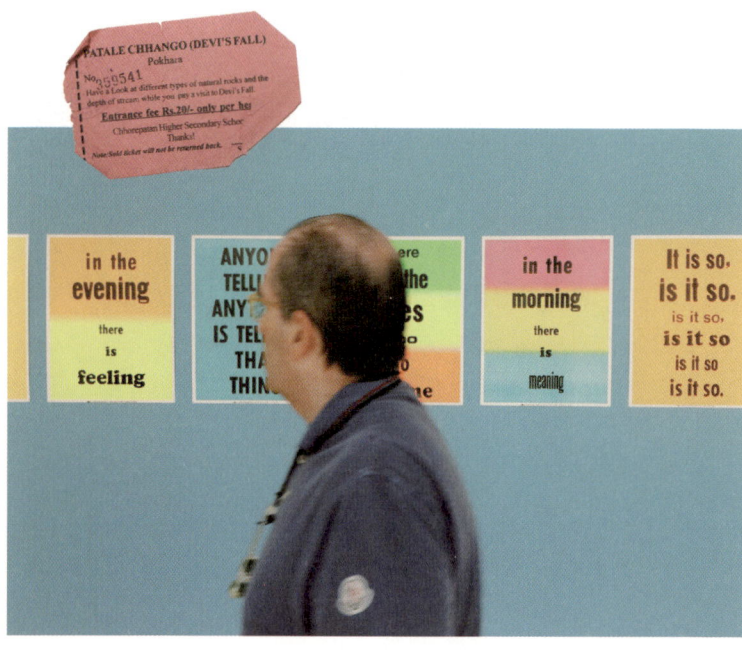

#2

달빛에 마주 보고
이야기 나누는 장면

#2 달빛에 마주 보고 이야기 나누는 장면

001 _ **우연인 듯
운명적인**

속으로 되뇌던 노래가 라디오에서 흘러나오거나 순간의 감정을 대변하는 문장을 책 속에서 맞닥뜨릴 때 운명처럼 느껴지는 우연이 있다. 어느 날, 노래처럼 문장처럼 마주친 너도 내 운명인 걸까. 그러면 내가 가진 우연을 다 썼대도 좋을 것 같다.

002 _ **파란색으로
칠한 마음**

'사랑하는 마음'은 어떤 색일까? 누군가 묻는다면 나는 망설이지 않고 빨간색을 고를 거야. 그런 뒤에 '정말 사랑하는 마음'은 파란색으로 칠할 거야. 가장 넓고 깊은 것들을 닮은 파란색으로. 바다와 하늘의 색깔로.

#2 달빛에 마주 보고 이야기 나누는 장면

003 _   **조의 질문,
가브리엘의 힌트**

"뉴욕의 가을을 좋아하세요?"
영화 〈유브 갓 메일〉 속 조가 물었다.

"파리는 빗속에서 제일 아름답죠."
영화 〈미드나잇 인 파리〉 속 가브리엘이 귀띔했다.

영화를 보던 나는 가을의 뉴욕과 빗속의 파리를 여행하고 싶어졌다. 사실 어떤 계절이라도, 날씨라도 그곳을 여행하는 상상만 하면 저절로 얼굴에 미소가 번졌다.

#2 달빛에 마주 보고 이야기 나누는 장면

004 _ **전부 담기지
않아서**

그 어떤 마음도 글자에 다 담기지 않아, 우리는 만났다.
그 어떤 여행도 상상에 다 담기지 않아, 우리는 떠났다.

005 _ **네 미소가 보이는,
나의 독사진**

사진 속 내가 환히 웃는다.
이렇게 환히 웃는 사진은 틀림없이 네가 찍어준 사진.
함께 웃던 그때의 순간이 떠오르고,
사진 위에 너의 미소가 비쳤다.

006 _   **해님 같은 사람**

나는 스케치북 한구석에 해를 그려 넣길 좋아했다. 동그라미는 해, 점선은 햇살이었다. 노란 햇살이 내리쬐는 따뜻한 풍경을 좋아했다. 나는 눈 내리는 들판 위에도, 철썩이는 바다 위에도 잊지 않고 해님을 그려 넣었다. 노란색 크레파스는 늘 금방 닳았다.

내 네모난 마음에 그려 넣을 해님 같은 사람을 만나는 일, 누군가의 마음속에 잊지 않고 그려지는 해님이 되는 일. 오늘 노란색 크레파스를 만지작거리다 예쁜 해님 하나를 마음속에 그려 넣었다.

007 _   그리운 지금을 살아요

'젊은 날엔 젊음을 모르고, 사랑할 땐 사랑이 보이지 않았네.'

지나고 나서 알게 되는 것들이 있다. 붙잡으려고 깨달을 땐 이미 돌이킬 수 없는 시간의 강에 휩쓸리고 없는 것들. 정말 소중한 것들은 으레 걸음이 빠르다. 그래서 가끔은 무심히 흘러가는 이 순간이 나는 벌써 그립다.

각별한 사람에게서 조용하고 편안한 위로를 받을 때, 시시한 농담에 친구들과 다 같이 소리 내 웃을 때, 여행지의 낯선 골목이 어느덧 익숙해졌을 때, 사랑하는 이들이 오늘도 내 곁에 있음을 문득 확인할 때, 나는 이 순간을 지나간 과거처럼 그리워하기로 했다. 금방 사라져 버리는 순간을 빨리 추억하기로 했다.

우리는 젊고, 사랑하고 있다.

#2 달빛에 마주 보고 이야기 나누는 장면

#2 달빛에 마주 보고 이야기 나누는 장면

008 _   **변함없이
따뜻한 누군가**

사람들은 짐작할 수 없는 환절기 같았다. 일교차가 큰 날엔 추웠다 더웠다 했다. 나는 자꾸 감기에 걸렸다. 그 가운데 사계절 내내 따뜻한 네가 있었다. 너와 함께면 감기에 걸리지 않았다.

009 _ 시시하고
근사한 대답

"나는 나중에 뭐가 되려고 이럴까?"
내가 우울한 얼굴로 중얼거리자 너는 대답했다.

"할머니가 되겠지."

그 싱거운 한마디는 내게 큰 위로가 됐다. 꼭 무엇이 될 필요는 없다. 무엇이 되지 않아도 상관없다. 아무것도 아닌 내가 네 덕분에 좋다.

010 _   **이다음에**

- 나는 잘 웃는 할머니가 되어야지
- 그럼 나는 잘 웃기는 할아버지가 될게

#2 달빛에 마주 보고 이야기 나누는 장면

#2 달빛에 마주 보고 이야기 나누는 장면

011 _   **따뜻한 계절
헤아려 보기**

몇 번의 봄이 지나갔다. 우리가 앞으로 오십 년을 산다면 봄이 돌아오는 계절이 오십 번. 꽃이 피기를 손꼽아 기다릴 마음이 오십 번. 이 좋은 계절은 겨우 이만큼 뿐이라 우리는 이토록 봄이 돌아오는 날만 헤아리게 되는 걸까. 따뜻한 것들은 늘 그렇게 조금은 아쉽게, 조금은 짧게 우리 곁을 다녀간다. 내게 몇 번의 봄이 더 남아 있을까.

바람 이불 이야기

"네가 다섯 살 무렵이었나?"

코끝에 걸리는 공기가 부쩍 차가워질 즈음이면 엄마는 지금 막 재미있는 이야기가 떠올랐다는 표정으로 운을 뗀다. 나는 이미 수십 번도 더 들어 다 아는 이야기임에도 가만히 귀를 기울인다.

"이렇게 쌀쌀하던 계절에 베란다에 말려둔 이불 빨래를 걷으려는데 네가 쪼르르 따라오는 거야. 그리고는 찬 이불에 가만히 얼굴을 대더니 이렇게 말했어. '엄마, 이불에 바람이 묻었어.' 그 말이 너무 예쁘고 귀여워서 가끔씩 생각이 나."

이불에 바람이 묻어 차가워지는 계절이 다시 온다. 엄마는 어김없이 이 이야기를 들려주고, 나는 또 모른 척 미소 띠고 듣는 계절.

013 _   **너의 청춘을
목격하고**

내가 기억하지 못하는 나의 한때를 가끔 누군가는 선명히 기억해 낸다. 추억의 지분을 나누어 가진 채 기억의 주인을 자처한다. 부끄럽고 아름다운 청춘의 목격자들은 서로의 시절에 치밀하게 연루되어 있다. 완벽한 증인 앞에서 우리는 가장 솔직한 옷을 입는다.

유치하고 어리숙했던 나를 기억해줘서 고마워.
네 앞에서 나는 다시 마음껏 서툰 사람이 돼.

#2 달빛에 마주 보고 이야기 나누는 장면

#3

낮은 음악이 깔리는 장면

001 _   **인생에 법칙이 있다면**

다쳐 본 사람만이 낫는 법을 배운다.
잃어 본 사람만이 간직하는 법을 깨닫는다.
절망의 역할은 희망을 기억하게 하는 것이다.

인생에서 배운 삶의 법칙들.

#3 낮은 음악이 깔리는 장면

002 _   이제 나 혼자
                                                                      간직하는 추억

세상에 단둘, 너와 내가 절반씩 나누어 가진 추억을 떠올려 본다. 네가 다 잊으면 그 추억은 나만의 것일까? 나도 다 잊으면 주인 없는 추억은 어떻게 되는 걸까? 잃어버리면 다시는 찾을 수 없게 될까 봐, 절반 짜리 추억을 간직하는 내 마음만 쓸쓸히 고단하다.

003 _　　　　　　　　　　　　**내 기타 같은 것들**

텔레비전 속 기타를 연주하는 가수가 멋있어 보여 작고 예쁜 통기타를 샀다. 성탄절에 캐럴 연주하기를 목표로 이름도 '캐럴'이라고 지어주었다. 나는 몸이 바쁘고, 마음이 게을러 겨울이 오는 동안 단 한 번도 기타를 치지 않았다. 성탄절에도, 그다음 해 봄에도.

그러던 어느 뜨거운 여름날, 내 기타는 모르는 이에게 홀연히 보내졌다. 오늘 거리의 연주자를 보고 문득 그 기타 생각이 났다. 이름을 붙여놓고 부르지 않은 물건들, 곁에 둔 채 마음을 주지 않고 외면했던 사람들, 문득 떠올렸다 곧 지워버릴 얼굴들. 내 기타 같은 것들에게 미안했다.

#3 낮은 음악이 깔리는 장면

004 _   **뒷모습 바라보며 걷기**

사랑하는 사람이 앞서 걸을 때, 그 뒷모습을 마주하는 일은 다정하고 또 슬프다. 거기엔 작아진 등이나 희끗한 머리칼, 고단한 하루의 짐이나 애틋한 세월뿐 아니라 얼굴을 마주할 땐 몰랐던 오랜 표정이 그려져 있다. 그 표정을 따라 걷다 보면 사랑하는 사람의 뒷모습과 조금 더 오래 눈 맞추길 간절히 바라게 된다.

누군가의 뒷모습을 빤히 바라보는 일은 그래서 가끔 어렵다.

#3 낮은 음악이 깔리는 장면

084
―
085

005 _ 체한 마음

"꼭 말하고 싶었는데, 꼭 묻고 싶었는데……"

적당한 때를 놓치고 그냥 삼켜 버린 말들은 소화되지 못한 채 어딘가 그대로 존재해 있지 않을까. 대부분의 미련은 더 하지 못한 말, 더 묻지 못한 말들이 마음에 얹히는 일이니까. 삼킨 말들이 마음에 부대낀다. 체한 채로 사는 건 자꾸만 더 힘이 드는 일인데, 우리는 여전히 그 말들을 삼킨다.

#3 낮은 음악이 깔리는 장면

006 _

**외면하고 싶은 마음은 가끔,
여전히 보고 싶은 마음**

생각하지 않으려고 애쓰다가
이토록 많이 떠올리고 있구나 깨달았다.
잊으려고 애쓰다가
이토록 선명히 기억하고 있구나 알아챘다.

007 _　　　　　　　　　　　　　　**작은 목소리로
　　　　　　　　　　　　　　　　　　　　　말했던**

작으면 작을수록 더 크게 번지는 목소리가 있다.
마치 기도처럼, 사랑하는 사람들의 말씨처럼.

우리가 미워하는 동안 서로에게 소리쳐 상처 주는 건, 아마 서로가 간절했던 마음을 잠시 잊었거나 더 이상 간절하지 않기 때문이겠지.

작은 목소리에도 귀 기울이던 우리였다.

#3 낮은 음악이 깔리는 장면

#3 낮은 음악이 깔리는 장면

008 _ 　　　　　　　　　　　　　　　　　　**눈물 참는 법**

어릴 적, 나는 눈물이 나오려고 할 때면 놀이공원에 가는 상상을 했다. 반짝이는 놀이기구의 조명과 웃음 띤 사람들의 표정, 경쾌한 음악에 맞춰 춤추는 퍼레이드 행렬을 떠올렸다. 그러면 차오르던 눈물도, 슬픔도 금방 주저앉아 버렸다. 성장하는 동안 놀이공원을 떠올리는 일은 점차 효력을 잃어갔다. 그리고 어른이 된 지금 나는 더 이상 울음 삼키는 법을 찾지 못했다. 나를 울리는 일들은 점점 많아지는데, 울보가 되기엔 이제 너무 커버렸는데.

009 _   조용한 마음

우리는 가끔 고요한 눈빛으로,
낮은 침묵으로 마음을 전한다.
거기엔 어떤 목소리보다 더 따뜻한 온기가 있다.

#3 낮은 음악이 깔리는 장면

010 _ **불편한
순간이
싫어서**

전철을 탔다. 옆에 앉아 조는 이에게 고약한 술 냄새가 풍겼다. 맥없이 고단했던 밤, 건너편 자리로 몸을 옮기는 쉬운 일조차 어쩐지 힘에 부쳤다. 기차가 스무 정거장을 지나는 동안 나는 그 자리에 앉아 지독한 냄새를 그대로 참고 있었다. 몸을 일으키는 그 작은 불편이 귀찮아서 애꿎은 미간만 잔뜩 찌푸린 채로.

나는 가끔 이렇게 작은 불편들을 외면했었다. 미안한 마음을 고백하는 일, 용기 내 화해를 청하는 일, 부끄러운 내 모습을 꺼내 보이는 일도. 불편한 찰나를 피해 숨거나 도망치다 내내 껄끄러웠던 순간들이 떠올라 잠들기 전까지 코 끝에 고약한 냄새가 아른거렸다.

#3 낮은 음악이 깔리는 장면

011 _   **시간에 부친
착불 소포**

시간이 해결해줄 거야. 마지막까지 아끼던 말을 꾹꾹 눌러 되뇐다. 언제부터인가 숨이 차는 일도, 애쓰다 만 마음도 나는 덜컥 시간의 짐으로 부쳤다.

우주에서 가장 거대한 시간의 우체통을 상상한다. 시간은 참 힘들겠다. 헤아릴 일들이 세상에 너무 많아서. 오늘 내가 하나를 더 보태서.

012 _

고요히,
그리고 고요히

쫓기는 기분에 앞만 보고 내달린 하루. 하루 끝에 매운 숨을 몰아쉬고 멈춰 선다. 달을 짊어진 가로등 아래, 가로등을 짊어진 내 어깨 아래, 나를 닮은 흐린 그림자가 똑같이 멈추어 서 있다.

이제 고요히 숨을 고른 채 침전할 시간.

013 _ **숨은 슬픔 찾기**

슬픔에 잠긴 눈이 어떤 건지, 나는 그를 통해 알게 됐다. 함께 나누고 싶은 슬픔이 있는가 하면, 영원히 감추고 싶은 슬픔도 있다. 그는 애써 감춘 슬픔을 못 본 체해주길 바랐다. 오랫동안 그 슬픔을 모른 체해야 할 것 같다. 그게 그 사람에게는 가장 큰 위로라는 걸 안다.

#3 낮은 음악이 깔리는 장면

#3 낮은 음악이 깔리는 장면

014 _ **바람에
훌어지는 꽃**

선물 받았던 꽃이 시들어갈 무렵 거꾸로 매달아 말려 두었다. 꽃은 점점 물기를 잃고, 색깔을 잃다가 언젠가는 먼지처럼 바스러져 주울 수도 없었다. 아름다운 것을 영원히 간직하고 싶어 하는 마음은 이 얼마나 쓸쓸한가.

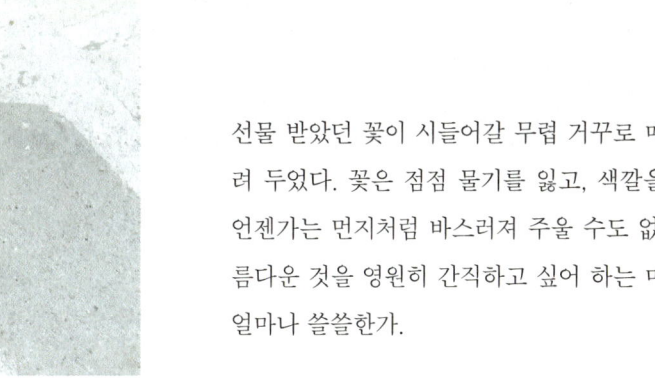

2 ZONES 1 RIDE
477381 216 II 23/07/09 R 6.00

#4

좋아서 서랍에
간직한 장면

001 _   **소리의 기억**

12월 말 산토리니를 여행했다. 마을은 무인도처럼 적막했다. 상점은 대부분 문을 닫고, 호텔은 보수 공사가 한창이었다. 할 수 있는 일은 미로 같은 골목을 누비거나 지평선 너머로 해가 지는 모습을 바라보는 일 뿐이었다. 인적 없는 비탈길을 걷다 가만히 눈을 감으면 맑은 바람 소리와 교회 종소리가 들려왔다. 떠들썩한 노랫소리도 웅성대는 말소리도 섞이지 않은 섬의 진짜 목소리가. 시간이 흘러 아름다웠던 풍경은 파랗고 하얀 색상의 잔상이 되었지만, 그 소리만큼은 선명히 귓가를 맴돈다. 가끔 어떤 추억은 소리를 통해 다시 그려진다. 사랑하는 사람들의 음성에 귀 기울일 이유가 생겼다.

#4 좋아서 서랍에 간직한 장면

002 _ 아마추어의 마음으로

42번가 타임스스퀘어 역에선 항상 아마추어 밴드의 공연이 열렸고, 나는 일부러 매일 그 역을 지나다녔다. 서툴지만 근사한 에너지가 늘 거기에 있었다. 아마추어의 어원 'Amator'를 번역하면 'Lover'가 된다. 어쩌면 지루한 프로보다 뜨거운 아마추어의 삶이 훨씬 행복할지도 모르겠다. 꿈에 완벽히 다다랐다고 확신하는 순간, 자신에게 더 이상 열정을 걸지 않아도 괜찮은 순간, 어떤 행복은 자취를 감추고 마니까. 인생에 있어서는 즐거운 아마추어가 되고 싶다. 조금은 어설픈 삶의 애호가로 남고 싶다.

003 _ 어느 날 결심한 세 가지

첫째. 행복이 찾아오면 최선을 다해 누리기. 이 행복이 언제 끝날까 미리 두려워하지 않기. 아낀다고 더 오래 누릴 수 있는 건 아니니까.

둘째. 버리는 일에 익숙해지기. 불필요한 것을 버리는 일은 소중한 것을 남기는 일과 같으니까. 물건도, 감정도, 생각도 그렇게 버리고 남기기.

셋째. 누군가 내게 시간을 할애하면 그걸 감사히 여기기. 사람이 사람에게 줄 수 있는 가장 좋은 선물은 시간이니까. 곁에 앉은 사람과 좋은 순간을 나누기.

004 _　　　　　　　　　　　이미 이루어진 소원

가족들과 천등을 날렸다. 늘 그랬듯 나는 가족의 행복을 소원으로 빌었다. 알록달록한 천등을 작은 기찻길 위로 가져가 조심히 띄워 올렸다. 그 천등이 하늘 너머로 다 사라질 때까지 우리는 행복한 얼굴을 했다. '모두 행복해하고 있어, 네 소원이 이루어졌어.' 멀리 사라져가는 천등이 말을 걸어왔다. 가끔 어떤 소원은 가지고 있을 때부터 이미 이루어지는 것 같다.

005 _　　　　　　　　　　　　　　　**내가 사랑하는 방식은**

서점에 갔다. 좋아하는 작가의 책이 비스듬히 진열되어 있어 가지런히 두었다. 봄을 타는 엄마에게 영화를 보러 가자고 말했다. 엄마가 보고 싶어 하던 영화였다. 돌아오는 길 꽃망울 맺힌 목련 나무를 눈에 한참 담았다. 꽃이 만개하면 웅크려 있던 모습까지 기억해 내려고. 내가 사랑하는 것들을, 오늘 그렇게 사랑했다.

철들지 않았던 시절에게

학교 다닐 때 친구들과 주고받은 편지들을 꺼내 봤다. 마음껏 슬퍼하고 쉽게 행복해하던 우리의 지난 시절이 예쁜 편지지 위에 또박또박 새겨져 있었다. 철이 든다는 건 참 멋있고 안쓰러운 일이라는 걸 그때의 우린 짐작했을까.

나는 이제 정말로 어른이 됐나 봐. 우정도 꿈도 사랑도 영원할 거라 믿었던 그때 그 마음은 조금 더 낡아서, 이제는 그 어떤 것도 영원하지 않을 거란 걸 알아. 그래도 우리 아직 좋은 시절을 지내고 있는 거지? 마음껏 슬퍼하고, 쉽게 행복해하던 그때 그 마음만 더 오래 기억하자. 그래서 우리 가끔은 철들지 않았던 시절을 살자.

007 _ 고마워, 그대로인 것들

잠이 들 무렵 침대 맡 스탠드 불빛마저 끄고 나면, 그래서 내 작은 공간에 한 줌의 빛도 남지 않게 되면 나는 까만 어둠에 혼자 표류한 기분이 든다. 암전 후에 막이 바뀌는 연극 무대처럼 내 방이 어둠에 휩싸이는 동안 다른 세계로 바뀌어 버릴까 봐 조용히 긴장한다. 나는 곧 내 방 풍경이 어렴풋 드러날 때까지 눈을 세게 깜빡인다. 그리고 익숙한 물건들을 천천히 확인한 뒤에야 마음을 놓는다. 무서운 어둠을 물리치는 건 제자리에 있는 익숙한 것들이란 걸, 늘 그대로 머물러 있는 것들에게 고마운 밤이다.

#4 좋아서 서랍에 간직한 장면

#4 좋아서 서랍에 간직한 장면

008 _ **실패라는
감초**

멋진 성공은 늘 스포트라이트를 받아.
난 멋진 실패를 해볼래.

009 _   손을 잡고
                                         걷는 동안

캄프 누 경기장에서 돌아오는 길, 그 사람은 한껏 들떠 있었다. 평소보다 조금 더 들썩이는 음성으로, 조금 더 느슨한 걸음으로 좋아하는 축구 이야기를 쉴 새 없이 쏟아냈다. 빛나는 햇살 아래 선명히 빛나는 눈, 훌훌 흩어지는 목소리, 따뜻한 손의 온기가 좋았다. 낯선 거리를 정처 없이 걷는 동안 상냥한 공기가 불어왔다. 실속 없는 질문 세례를 던진 건 그 지루하고 사랑스러운 이야기가 끝날까 봐 였더라는 걸, 그 사람은 아마 몰랐겠지. 나는 그때 있지, 축구의 축 자는 몰라도 사랑의 사 자는 알았다.

하카타에서 유후인노모리를 탔다. 열차가 목적지를 향해 가는 동안 창밖으로 평범한 풍경이 흘러갔다. 우리는 창밖의 풍경에 관심을 두다 말다, 졸다 깨다를 반복했다. 시간은 유난히 더디게 갔다. 그러던 중, 맞은편에서 분주한 셔터 소리가 들려왔다. 고개를 돌린 자리에 백발의 노부부가 있었다. 두 사람은 흘러가는 경치를 연신 카메라에 담았다. 한순간도 창밖에 눈을 떼는 법 없이. 창문에 비친 풀숲보다 더 푸른 노부부의 뒷모습을 나는 몰래, 그리고 한참 지켜보았다.

생의 순간을 치열하게 기록하는 일은 젊은이들만의 전유물이 아님을. 삶의 경이는 결코 낡거나 시들지 않음을. 이 특별할 것 없는 진리는 늘 새삼스럽고, 새삼스럽게 늘 특별하다. 세월의 풍랑에 휩쓸리지 않고, 시간의 공기에 바래지지 않고 간직할 두 가지. 삶의 빛깔을 놓치지 않는 눈과 경탄하는 마음. 열차에서 만난 은빛 노부부는 카메라 안에 어떤 생의 순간을 기록했을까.

#4 좋아서 서랍에 간직한 장면

011 _ **낯선 것들**

낯선 것들이 좋다. 낯설었던 누군가가 좋아질 무렵의 마음이나 낯선 도시에 발을 내딛는 시간, 낯선 봄 냄새가 겨울 끝에 불어오는 순간들. 낯선 사람은 따라가지 말라던 엄마의 말 하나만 빼고 나는 대부분의 낯선 것들을 좋아한다.

평범하고 익숙한 시간들이 함부로 지나갈수록 나는 낯선 것들을 더 애틋해 해야지. 낯선 내일을 그렇게 맞이해야지.

#4 좋아서 서랍에 간직한 장면

012 _

**혼자서
여행하기**

혼자 뉴욕에 갔다. 혼자인 여행도, 뉴욕도 처음이었다. 정처 없이 걷는 일은 처음부터 낯설지 않았고, 할랄 1인분을 먹는 일은 끝까지 과분했다. 눈을 마주치면 건네받는 'How are you' 인사는 하루 만에 적응했고, 잠들지 않는 사이렌 소리는 사흘 만에 겨우 익숙해졌다. 길을 자주 잃었지만 핀잔할 사람이 없어 괜찮았고, 좋은 풍경을 자주 발견했지만 함께 감탄할 사람이 없어 허전했다. 꿈도 없이 깊은 잠에 빠졌다가 깨어나면 낯선 땅에 덩그러니 유기된 기분이 들었지만 거리로 나가면 도심 속 소음의 일부로 존재함에 다시 마음이 놓였다. 휴대폰에 담아온 가요를 듣다가 '나를 위한 여행, 나를 위해 떠날래.'라는 가사가 흐르면 따라 불렀다. 알고 있던 나를 다시 확인했고, 몰랐던 나를 처음 발견했다. 그럴 때면 반가운 기분이 들었고 곧 여행에 남은 날들을 아쉽게 헤아렸다.

013 _　　　　　　　　　　　　　　　　　　　**십이월**

가지 끝에 매달린 마지막 잎사귀는 홀로 남겨진 게 아니라, 어쩌면 나무가 가장 아끼는 보물이 아니었을까. 너무 소중한 것들은 가장 마지막까지 곁에 남겨두고 싶은 법이니까. 내 작은 달력이 아껴둔 마지막 한 장은 그래서 더 보물 같은 순간들로 채워지면 좋겠다. 그 끝엔 기쁜 작별을 할 수 있게.

#4 좋아서 서랍에 간직한 장면

014 _   **야경이
보이는 곳에서**

어느 도시를 여행하든 꼭 야경을 본다. 머리 위로 반짝이는 달이, 발아래로 반짝이는 도시가 나란히 펼쳐지는 순간을 좋아한다. 높은 곳에 서서 바라보는 세상은 손톱만 한 점의 무리다. 올려다보았던 모든 것들은 이렇게 작은 것에 불과할 수도 있다. 야경을 바라보는 순간엔 그렇게 알 수 없는 용기가 생긴다.

015 _ 나의 좌우명과 나의 비문

'나는 아무것도 바라지 않는다. 나는 아무것도 두려워하지 않는다. 나는 자유다.'

작가 니코스 카잔차키스의 묘비엔 이렇게 적혀 있다. 누군가의 비문이 누군가의 신조가 될 수 있다면, 나는 이 문장을 좌우명 삼기로 했다.

"죽으면 아무것도 없어요. 여기가 천국이에요."

영화 〈이웃집에 신이 산다〉에서 신의 딸 에아는 말했다. 누군가의 대사가 누군가의 비문이 될 수 있다면, 나는 이 문장을 묘비에 적기로 했다.

#5

아주 사소한 존재의
특별한 장면

001 _

**나의 처음을
오래 추억할래**

태어나 처음 반딧불이를 본 건 네팔 룸비니에서였다. 밤이 되면 그곳에 자칼의 포효 소리가 울려 퍼진다는 가이드북의 문구를 나는 퍽 믿던 참이었다. 마을에 어둠이 내리고 사찰에 전기마저 끊겨 모든 것이 완벽히 밤의 얼굴을 했을 때, 바로 그때였다. 나지막이 빛나는 별의 무리를 본 게.

태어나 처음 흠뻑 비를 맞은 건 아테네에서였다. 우리는 신을 만나러 가는 관문 프로필레아를 지나던 중이었다. 돌연 신의 장난처럼 소나기가 쏟아졌다. 나는 처음엔 숙소에서 우산을 빌리지 않은 걸 후회했고, 그다음엔 잿빛 하늘이 파르테논 신전의 위용과 어울리지 않는다고 생각했다. 그리고 우린 동시에 말했다. "나 이렇게 비 맞는 거 처음이야!"

생의 모든 처음은 번번이 오래 추억된다. 그게 반짝이는 것이든, 예상치 못한 것이든. 풍경이든, 사람이든.

002 _   제목 없음

어제는 아무것도 하지 않은 날이었다. 사진을 한 장도 찍지 않은 날. 노래를 한 곡도 듣지 않은 날. 긴 낮잠을 자고 일어나니 벌써 캄캄해진 날. 아무것도 욕심내지 않고 아무것도 기록하지 않은, 하얗게 남겨둔 게으른 여백 같은 날.

#5 아주 사소한 존재의 특별한 장면

003 _ **가끔은 초점을
맞추지 말자**

가끔은 작정하지 않는 사진을 찍고 싶다.
숨을 참지 않아도, 핀이 맞지 않아도 괜찮은 사진.

가끔은 작정하지 않는 인생을 살고 싶다.
숨을 참지 않아도, 핀이 맞지 않아도 괜찮은 인생.

004 _ **완전히
불완전한**

최선을 다해 사랑하다가도 문득 미워하는 것. 이해받길 원하면서 이해하지 않는 것. 나를 해치지 않는 기억만 골라 간직하는 것. 어른이 되고도 아이에 머무르는 것. 우리는 도무지 완전하지 않은 것들을 사랑할 수밖에 없다. 세상에 완전한 건 하나도 없기 때문에. 그 사실만이 완전한 것이기 때문에.

005 _   행성

우리 모두는 우주에 부유하는 행성들이래. 캄캄한 우주에서 바라보는 행성은 울퉁불퉁한 돌멩이 같아서 가끔씩 스스로 초라해진대. 그래도 잊지 말아. 오늘 누군가는 멀리서 반짝이는 너를 보면서 지친 하루를 위로했대. 그리고 다시 힘을 냈대.

006 _ **미신을
믿나요**

횡단보도의 하얀 블록만 골라 밟는 일, 터널을 지날 때 숨을 참고 소원을 비는 일, 3-3번 승강장에서 지하철을 기다리는 일, 길을 걷다 신발 끈이 풀리면 설레하는 일. 나는 이 작은 순간들이 사소하지만 특별하다. 보잘 것 없지만 소중하다.

아직은, 아직도.

#5 아주 사소한 존재의 특별한 장면

007 _ 나의 빛나는 계절

나는 봄이면 쌀쌀하게 다정한 저녁 바람을 사랑해. 여름이면 보라색 줄무늬 우산을, 가을이면 파란 하늘 사이 구름 한 점 찾는 일을, 그리고 겨울이면 머리에 눈 쌓인 빨간 우체통을 사랑하지.

내가 사랑하는 것들이 나를 사랑하지 않는대도 괜찮아. 바람도, 우산도, 구름도, 우체통도, 그리고 너도 나의 온 계절을 이렇게 빛나게 만드는걸.

008 _ **실패한 영화
다시 보기를 권함**

오래전 내게는 실패한 영화가 있었다. 삼십 분을 채 넘기지 못하고 포기한 영화. 지루한 하품의 기억이 유일한 그 영화를 오늘 용기 내 처음부터 돌려 보았다. 영화가 막을 내릴 때까지 나는 한시도 눈을 뗄 수 없었다. 서둘러 별로라고 이름 붙인 게 멋쩍을 만큼 영화는 재미있었고, 나는 행복해졌다.

나는 가끔 조급히 결정 내리곤 했다. 이제는 그 무엇도 쉽게 단정 짓지 않기로 했다. 커튼이 내리기 전까지 나는 어떤 영화에게도, 인생에게도 실패한 별점을 주지 않을 거다. 인생은 여전히 상영 중이니까, 멋진 커튼콜을 기대하기 충분하니까.

009 _   너도
반짝이고 있어

주위가 빛나는 것들로 가득해서 네가 반짝이고 있는 걸
잠깐 잊은 건 아닌지 약해진 마음이 묻는다.

우리는 가장 중요한 걸 가장 자주 잊잖아,
약해진 마음이 다그친다.

158
159

믿는 것들을 계속 지켜나갈 굳건한 마음을 주세요.
손을 떠난 모든 것엔 미련을 버릴 용기를 주세요.

#5 아주 사소한 존재의 특별한 장면

011 _   **선한
착각을 하자**

#5 아주 사소한 존재의 특별한 장면

여행 이튿날부터 늦잠을 잤다. 부슬비가 내리는 아침이었다. 정오가 가까운 시간이었지만 밖은 여전히 어둠에 휩싸여 있었다. 이렇게 궂은 날 아침이면 언제나 늦잠을 자게 된다. 아직 캄캄한 새벽이라고 착각해서다. 이번에도 어김없이 속아버렸지만 오랜만에 누린 단잠에 기분이 좋았다. 시원하게 기지개를 켜면서 선한 착각에 대해 생각했다. 내일은 좋은 일이 생길 거란 착각, 꿈꾸는 일이 곧 이루어질 거란 착각, 불행은 금방 시시한 작별을 고할 거란 착각. 어떤 착각은 달다. 궂은 날의 늦잠처럼.

#5 아주 사소한 존재의 특별한 장면

012 _ 　　　　　　　　　　　　　　　단 한 줄의
　　　　　　　　　　　　　　　　　　　　　일기

지난 일기를 넘겨보다 '행복했던 오늘을 기억하자!'고 적힌 페이지를 발견했다. 그날 어떤 일이 있었는지, 왜 행복했었는지 도무지 기억하려 해도 짐작할 수 없었다. 행복이라고 이름 붙일 여러 장면들과 행복이라고 이름 지을 여러 얼굴들이 뒤섞여 떠올랐다. 그러다 그 기억을 되짚어 헤아리는 일을 관두기로 했다. 단 한 줄의 문장으로 설명할 하루였다면 그걸로 충분했다. 장황한 이유가 필요치 않을 때, 어떤 표현도 마음을 다 꾸며낼 수 없을 때 나는 가장 행복하니까.

#5 아주 사소한 존재의 특별한 장면

013 _   마음의 지층

매일 반복하지만 결코 사소하지 않은 각오들은 흩어지지 않고 마음 위에 쌓인다. 그렇게 마음의 지층이 된다. 소중한 다짐으로 하루를 또 살아낼 때 우리는 한 겹씩 더 단단해진다. 쉽게 주저앉지 않는 마음을 갖는다.

#5 아주 사소한 존재의 특별한 장면

014 _   **모자처럼
날아가 버린**

갑자기 불어온 바람에 챙이 넓은 갈색 모자를 잃어버린 적이 있다. 예고도 없이 내 곁을 떠난 것들. 다시는 되찾을 수 없는 것들. 한때는 우리였지만 이제는 우리일 수 없는 것들 모두 바람을 따라간 내 모자였다고 믿는다. '우리 바람에 휩쓸려 이렇게 멀어졌지.' 어쩔 수 없이 떠나간 것들에게 닿을 수 없는 안부를 묻는다.

#6

지나간 시간에
답장을 보내는 장면

#6 지나간 시간에 답장을 보내는 장면

001 _　　　　　　　　　　　　　　　　　　**모래 위에
　　　　　　　　　　　　　　　　　　　　　적힌 이름**

"할아버지가 모래 위에 적은 저 글자, 무슨 뜻일 것 같아?"
"할머니의 이름이 아닐까?"
"결혼을 안 하셨으면?"
"그럼 사랑하는 사람의 이름일 것 같아. 보고 싶은 사람일 수도 있고."

바르셀로네타 해변에서 마주친 할아버지는 천천히 걸음을 옮기다 가만히 멈춰 섰다. 그리고 허리를 구부려 모래사장 위에 글자를 적었다. 글자의 흔적은 몇 번의 파도에 휩쓸려 곧 사라져 버렸다. 그게 어떤 의미였는지는 파도만이 알 일이었다. 이 해변가 모래 위에 적혔을 수많은 이름들을 생각했다. 바다는 얼마나 많은 이름과 마음, 이야기들을 기억하고 있을까. 말 없는 바다는 여전히 묵묵히 밀려왔다가 또 다시 밀려갈 뿐이었다.

002 _   **To. 과거의 나**

"네가 사랑하는 모든 것들은 변해. 그러니까 늙고, 바래고, 사라지는 것들에게 너그러운 마음을 가져. 네가 미워하는 모든 것들은 잊혀. 그러니까 널 상처 입히는 것들에게 마음의 곁을 내어주지 마. 소중한 사람들에게 더 자주 사랑을 표현해. 나는 그게 아직도 잘 안 돼."

003 _   **담백하게,
최대한 간결하게**

꾸밈없는 표정.
치장하지 않은 외출복 차림.
성숙한 척 포장하지 않는 연애담.
돌려 말하지 않는 거절의 표현.
과장하지 않은 지난날의 영광.

갈수록 군더더기 없는 것들이 좋다.
욕심을 버리는 일도, 가벼운 마음의 무게를 실감하는 일도.

#6 지나간 시간에 답장을 보내는 장면

#6 지나간 시간에 답장을 보내는 장면

004 _ 인생 최초의 사춘기

내가 다섯 살이던 해에 동생이 태어났다. 동생은 예뻤고, 나는 이유 없는 눈물을 자주 쏟았다. 엄마는 그 시절을 나의 첫 사춘기로 기억했다. 내게 정말 소중한 것을 누군가가 다 차지했다고 생각하면, 그래서 가까이 있어도 그리운 것들이 생기면 늘 그랬다. 소중히 간직하던 꿈을 누군가 먼저 다 이루었을 때, 꿈을 가질 차례가 나에게는 영영 돌아오지 않을 것 같을 때도. 꿈은 꿈을 가지려는 사람들에게 모두 공평하다는 걸 미처 몰랐을 때, 나는 내 최초의 사춘기를 다시 반복했다.

005 _   **언젠가**
나를 다시 떠올렸을 때

'좋은 사람이었어.'라는 말보다 '나를 더 좋은 사람으로 만들어줬어.'라는 말로 기억되는 것.

006 _   **마음의 과장**

기다리는 것을 가장 두려워하던 때에 나는 나를 오래 기다리게 하는 사람과 만났었다. 그리고 '나는 기다리는 걸 세상에서 제일 잘해.'라고 입버릇처럼 말하곤 했다.

좋은 사람이 되려는 욕심은 그렇게 내 마음을 억지로 과장했다. 과장된 마음을 간직하고서는 절대로 좋은 사람이 될 수 없다는 걸 그때는 몰랐었다.

182
———
183

돌아온 동화책

어릴 적 내가 가장 아끼던 물건은 세계동화 전집이었다. 나는 책 마지막 장에서 꼭 작가의 모습을 확인하곤 했다. 낯선 이름의 나라도, 낯선 이목구비도 신기하게만 느껴졌다. "눈이 큰 곱슬머리 작가는 이탈리아에서 태어났대. 콧수염 할아버지는 프랑스에 살고 있대. 나도 이다음에 멋진 동화책을 만들 거야." 엄마에게 매일 이야기하곤 했다. 여러 번 읽다 모서리가 다 닳아버린 그 책이 어느덧 시시해질 무렵, 나는 어린 사촌동생에게 책을 물려주었다. 내가 사랑했던 세계동화 전집의 기억은 점점 희미해져 갔다. 엄마가 그 세계동화 전집을 다시 찾아오기 전까지는.

"이모네 아이들도 다 커버려서 이 책이 더 이상 필요 없다는데, 내가 정말 아끼던 거라 버리라고 할 수가 없었어. 네가 참 좋아했잖니." 엄마는 나보다 내 어린 시절을 더 소중히 간직하는 사람이었다. 오랜 시간 더 낡아 버린 동화책이, 빛바랜 시간이 덕지덕지 묻은 그 책들이 훌쩍 어른이 된 나에게 다시 돌아온 날, 나는 가장 좋아했던 책의 맨 마지막 장부터 펼쳐보았다. 곱슬머리 이탈리아 작가가 미소 짓고 있었다. 동화 작가를 꿈꾸던 어린 날의 나도, 아직 그 책 속에 살고 있는 것 같았다.

#6 지나간 시간에 답장을 보내는 장면

008 _ 　　　　　　　　　　**지나간 꿈들에게
　　　　　　　　　　　　　　안부를**

우리가 잊은 꿈들은 우리를 아직 기억할까.

#6 지나간 시간에 답장을 보내는 장면

#6 지나간 시간에 답장을 보내는 장면

009 _   기억, 추억

내가 오래 간직한 장면들. 그중에 어떤 건 기억이라 부르고, 어떤 건 추억이라 이름 붙였다. 기억으로 머물기엔 아까워 추억이라 이름 붙인 말에는 나란히 걷던 따뜻한 사람의 온도가 실리고, 하루 종일 모여 떠들던 교실 속 친구들의 목소리가 담긴다. 내가 사랑했던, 나를 버티게 한 추억들에게 나는 기억일까 추억일까.

010 _   **누군가를
닮는 일**

친할아버지는 내가 걸음마를 떼기 전에 돌아가셨다. 내가 간직하는 건 낡은 흑백사진 속 어린 나를 품에 안아 눈을 맞추는 할아버지의 모습뿐이다. 대신 나는 할아버지를 빼닮았다는 아빠를 통해 희미한 기억 속 할아버지를 상상한다. 엄마가 종종 아빠로부터 할아버지의 모습을 발견해 낼 때면 나는 기억할 수 없는 할아버지의 모습을 눈앞에 가만히 그려 본다.

사랑하는 사람을 닮는 일, 그 사람이 오랜 후에 곁에 없어도 내 모습을 통해 추억하는 일. 닮는 일은 선물 같다. 나는 아빠의 웃는 모습을 닮았다.

011 _   멈춘 기차

인도 바라나시에서 기차를 탔다. 다음 날 아침 콜카타에 도착할 예정이었지만 순순히 약속을 지킬 인도가 아니었다. 달리던 기차는 갑자기 연착을 공표한 뒤 열두 시간을 멈춰 있다가 다음 날 저녁에서야 겨우 우릴 콜카타에 데려다주었다. 나는 내심 이 곤란한 상황이 싫지 않았다. 악명 높은 인도 기차의 추억 하나 간직하는 것으로 '진정한 인도 배낭여행자' 배지를 획득한 기분에서였다.

땡볕이 내리쬐는 비좁은 기차 안에서 무료한 시간을 달랠 일은 대부분 시시껄렁하고 대수롭지 않았다. 빙고 게임으로 일기장 낭비하기. 서로에게 엽서를 쓰다 그걸 돌려가며 읽어보기. 옆자리 인도인 아저씨네 망고농장 망고가 얼마나 맛있는지 경청하기. 턱을 괴고 차이 왈라가 지나가기만 기다리기. 간혹 우리 중 누군가가 지루한 시늉으로 기차가 언제 움직일까 물으면 건너편 인도인 중 한 명이 'No problem'이라고 대답을 건네던 시간. 그 따분하고 평화로운 시간이 그립다.

#6 지나간 시간에 답장을 보내는 장면

#6 지나간 시간에 답장을 보내는 장면

012 _ **엄마의 세월**

'엄마의 삼십 대야. 1999년 10월 가을. 참 젊고 예뻤네.'

막 도착한 문자에 엄마의 사진이 있었다. 엄마는 오래전 오늘의 나처럼 베니스를 여행했다. 빛바랜 사진 속 꽃 같은 미소의 엄마가 찬란히 웃고 있었다. 거기에 영영 박제되어 있는 엄마의 청춘이 너무 예뻐서 나는 왈칵 눈물이 쏟아졌다. 오래전 이곳에서 나와 같은 풍경을 바라보던 엄마는 어떤 꿈을 꾸던 중이었을까. 또 얼마나 푸른 청춘을 지나는 중이었을까.

엄마의 세월이 세상에서 가장 느리게 흘러갔으면 좋겠다.

013 _   **오랜 곳의 마음**

오래된 유적에는 마음이 있는 것 같다. 방콕 아유타야에서 그런 생각을 했다. 평온한 폐허의 모습을 간직한 채 수많은 계절을 지낸 곳. 빛나는 한 철과 사그라진 여러 계절을 추억하는 곳. 장엄했지만 이제는 쓸쓸히 기억되는 곳. 시간이 모든 걸 다 데려가는 대신 영롱한 마음 하나 전해주지 않았을까. 아유타야의 찬란한 마음이 문득 말을 걸어올까 봐 인파 속에 걸음을 재촉해 걸었다.

#6 지나간 시간에 답장을 보내는 장면

**떨지 않고
발표하는 법**

초등학생 시절, 나는 숫기 없는 아이였다. 그래서 생활기록부 종합 의견란에는 늘 '적극적으로 발표하는 자세 필요'라는 문장이 적히곤 했다. 어느 학년 말, 생활기록부를 곰곰이 읽던 아빠는 내게 떨지 않고 발표하는 방법을 알려주셨다.

"할 수 있다고 마음으로 세 번 외치면 정말 할 수 있게 돼."

나는 아빠가 일러준 방법이 썩 마음에 들었지만 정작 수업 시간만 되면 그 주문을 속으로 되뇌다 발표할 순간을 놓치기 십상이었다. 결국 6학년 생활기록부에도 '적극적으로 발표하는 자세 필요'라는 문장이 적히고 말았다. 대신 나는 아빠의 주문을 잊은 적 없는 어른으로 자랐다. 어려운 고비 앞에선 힘내자고 세 번, 마음을 다쳤을 땐 괜찮다고 세 번 마음으로 조용히 거듭해 말했다. 떨지 않고 발표하는 법은 사실 마음을 챙기는 법이라는 걸, 이제는 알 것 같다.

#6 지나간 시간에 답장을 보내는 장면

#7

다시 시작하는 장면

#7 다시 시작하는 장면

001 _ 용기 내서, 용서

'용서'라는 단어는 어쩌면 '용기 내서'의 준말이 아닐까.
가장 큰 상처는 가장 큰 용기로 치유된다.

002 _   **다시 원본을 꿈꾸다**

책에서 '사람은 원본으로 태어나 복사본으로 죽는다.'는 문장을 읽었다. 어느 순간 자기다움을 잃고 남들과 같은 모습으로 살아가는 사람들을 생각했다. 세상이 내린 기준에 맞춰 타인과 닮으려고 애쓰던 나도 복사본이었다. 어질러진 복사본 더미 속에 파묻히는 상상을 하면, 다 마르지 않은 까만 잉크 얼룩이 온몸에 묻는 기분이 들었다. 반복되는 일상에 물든 나를 다시 바라보기로 했다. 원본의 나를 되찾고 싶다.

#7 다시 시작하는 장면

003 _ **별표 친 문제**

막히는 문제엔 늘 별표를 쳤다. 여러 번 다시 풀어봐도 모르겠을 땐 또 그 개수만큼의 별을 그렸다. 어쩐지 별표 친 문제만큼은 틀려도 슬프지 않았다. 날 슬프게 했던 건 자신 있게 풀었다가 실수로 틀린 문제들이었다. 오늘 나는 풀리지 않는 고민 위에 또 여러 개의 별표를 그렸다. 애써 적어낼 답이 오답이어도, 어쩌면 오래 남겨질 빈칸이어도 여러 번 고민했으니 그걸로 충분하다.

004 _ 나에게 배운다

내가 배워야 할 사람은 가끔 과거의 나였다. 지고, 상처 입고, 싸운 사람은 나였지만 인정하고, 치유하고, 화해한 사람도 나였기 때문에. 결국 가장 마지막에 나를 구한 건 나 자신이었으므로.

#7 다시 시작하는 장면

#7 다시 시작하는 장면

005 _ **여전히
자라고 있다**

마음을 추스를 때, 한 번 더 용기 내야 할 때 꼭 일기를 썼다. 그렇게 일기 위에 조각난 마음을 어질렀다가, 다시 단정히 한 채로 꿀꺽 삼켰다. 고약한 시간이 지날수록, 더 많은 다짐이 필요할수록 일기는 까만 글씨로 빼곡히 채워졌다. 오늘 그 일기장을 다시 꺼내 읽었다. 벽에 자를 대고 키를 재는 것으로 내가 훌쩍 자랐음을 믿던 나는, 이제 견뎌야 했던 날들로부터 내가 또다시 자랐다고 믿는다. 고약한 시기를 지날수록, 더 많은 다짐이 필요할수록 나는 더 높이 울창해졌다. 꿈꾸던 하늘에 머리가 닿을 만큼 키가 자랐다.

006 _   **털양말
같은 마음**

아끼는 새 털양말을 꺼내 신었다. 발을 디딜 때 느껴지는 따뜻한 감촉이 좋아 천천히 꾹꾹 눌러 걷게 되는. 정말 소중한 사람들에게, 내 털양말처럼 고운 색 털실로 튼튼히 짜인 마음을 선물하고 싶다. 어쩌다 한 올씩 풀리는 실에도 개의치 않을 만큼 촘촘히 엮인 마음.

문 틈새로 빛

K는 엄마와 사이가 좋지 않았다. 학교를 다니던 내내 한 번도 엄마 이야기를 꺼내지 않아 미리 짐작하긴 했었다. 그 아이 얼굴에 처음 낯선 표정이 비친 것도, 문득 엄마가 밉다고 말하던 순간이었다.

그러던 어느 겨울밤, 나는 친구들과 K네 집에 모여 숙제를 하던 중이었다. 현관 앞에 언뜻 인기척이 들려왔다. 친구네 엄마가 돌아오신 참이었다. 내색하지 않았더라도, 엄마의 마른 얼굴엔 고단한 하루의 역사가 고스란히 묻어났다. '다녀오셨어요.' 친구는 표정 없는 음성으로 짧게 말했다. 그리고 방으로 돌아와 전과 달리 문을 절반만 닫았다. 왜 다 닫지 않냐 물으니, 여전히 살갑지 않은 투로 친구는 대답했다.

"아, 혹시 내가 필요하면 편하게 부르라고. 엄마 말이야."

친구는 사실 엄마를 미워하기보다는 사랑하고 있음을, 다가올까 두려워하기보다는 멀어질까 불안해하고 있음을 나는 그날 처음으로 알게 됐다. 문 틈새로 빛이 지나는 길이 있는 한 완벽한 어둠은 결코 없다는 걸 친구는 잘 알고 있는 듯했다.

#7 다시 시작하는 장면

214 — 215

**아직 여운이
남아 있는**

친구가 소설책을 추천해 주었다. 정말 좋은 이야기란 줄거리보다 여운으로 기억되는 거라고. 그 여운이 아직 다 가시지 않았다고 말했다. 내게 여운을 남긴 것들을 생각했다. 돌아온 뒤에 더 선명히 추억하는 여행, 막을 내린 뒤에 더 애틋해지는 영화, 짧은 시간을 함께해도 잊혀지지 않는 사람. 끝났지만 끝나지 않은 여운으로 추억하는 것들. 여운에 잠겨 그 여행을, 영화를, 사람을 다시 오랫동안 떠올렸다.

#7 다시 시작하는 장면

009 _ **너의 슬픔,
우리의 슬픔**

누군가의 슬픔이 나의 것처럼 무겁고 아플 때, 너의 것이기도 나의 것이기도 한 이야기가 많아질 때 우리는 더 특별해진다고 믿는다. 무너지는 마음을 쌓아 올리자. 단단히, 같이.

010 _   **밤의 약속**

달도 별도 잠든 것만 같은 까만 밤, 낮은 불빛이 내 방 창문 아래로 새어 나갈 때 나는 이 밤을 다 가진 것만 같다. 밤은 누구에게나 공평하지만 홀로 깨어 있는 사람만이 가장 짙은 밤을 갖는다. 불 밝힌 창문 너머 깨어 있는 모두에게 밤은 매일 새끼손가락을 걸고 약속한다. 곧 아침이 온다고.

#7 다시 시작하는 장면

011 _ **진심으로
진심을 다할 때**

믿을 수 없는 것들로 가득 찬 세상이지만 진심을 다하면 이루어진다는 말은 나 계속 믿고 있어. 진짜인 마음은 아무렇게나 생기는 게 아니니까, 진짜인 마음을 온전히 간직하는 일은 생각보다 어려우니까. 진심을 탕진하는 일은 결코 못 된 낭비가 아니라고, 그렇게 믿고 있어. 그러니까 나는 꼭 진심을 다해 볼래.

BROADWAY

012 _ **하루를 시작하는
사람들**

#7 다시 시작하는 장면

오늘도 어김없이 그 자리에 있다. 아침을 밝히는 해, 익숙한 방향으로 걸음을 옮기는 사람들, 조심히 간직한 꿈, 마음을 다지는 결심들.

무작정 흘러가는 하루를 붙잡아 또 담담히 살아낼 우리, 어김없이 잘 하고 있다.

013 _   걱정이
　　　　　　　　　　먼지 같은 것이라면

나는 걱정의 모양이 하얗게 엉킨 먼지 같을 거라고 상상한다. 마음 위에 내린 걱정들이 바람을 타고 훌훌 날아가길 바라면서, 그렇게 무심히 털어내자 결심하면서.

#7 다시 시작하는 장면

014 _   **어른을 꿈꾸는 어른**

소년이 백발의 노인을 올려다보며 물었다.

"저는 너무 작고 약해요.
빨리 자라 어른이 되려면 어떻게 하죠?"

노인은 허리를 굽혀 소년의 눈을 맞추고 대답했다.

"좌절 앞에 도망치지 않을 때, 타인의 행복을 너의 불행으로 착각하지 않을 때 너는 한 뼘씩 자란단다. 타인의 비극을 위안 삼아 네 인생을 더 큰 비극에 빠뜨리지 않을 때도 마찬가지지. 사실 나는 그래서 아직도 작고 약한 소년이란다."

어른이 되고 싶던 소년은, 이제 어른이 되었을까.